# El amor brujo: la perdición de Falla

**Alicia González del Campo**

Edinumen

Lecturas en español de
ENIGMA Y MISTERIO

Alicia González del Campo es licenciada en Filología Hispánica. Ha sido bailarina y bailaora en diversas compañías con las que ha actuado en diferentes partes del mundo. Ha sido profesora de ELE para la Agencia Española de Cooperación Internacional y en la Universidad Complutense de Madrid (UCM). Asimismo, ha compaginado la enseñanza del español con múltiples cursos y conferencias de introducción al flamenco en la UCM, en la Universidad Internacional Menéndez Pelayo, en Oberlin College (Ohio) y para el Instituto Cervantes. Actualmente es profesora de enseñanza secundaria en la Comunidad de Madrid y colabora con la Universidad de Comillas y con el Instituto de Humanidades Francesco Petrarca (Madrid). *El amor brujo: La perdición de Falla* es su primera novela.



ISBN: 978-84-9848-815-9 (con CD)
ISBN: 978-84-9848-814-2
Depósito Legal: M-21707-2018
Impreso en España
*Printed in Spain*

Coordinación de la colección: Manuel Rebollar
Edición: Amelia Guerrero

Diseño de portada: Carlos Casado
Diseño de la maquetación: Ana Gil
Maquetación e ilustraciones: Carlos Yllana
Fotografías: *www.shutterstock.com*

Impresión:
Gráficas Glodami. Coslada (Madrid)

Editorial Edinumen
José Celestino Mutis, 4. 28028 - Madrid
Teléfono: 91 308 51 42
Fax: 91 319 93 09
e-mail: edinumen@edinumen.es
www.edinumen.es

# Índice

# ANTES DE LA LECTURA

**1**. ¿Por qué has elegido este libro? ¿Por el título? ¿Por el personaje? ¿Por la ciudad de Granada? ¿Por el flamenco? Piensa tus conclusiones y coméntalas con tus compañeros.

**2**. La historia principal transcurre en Granada, una ciudad española. Busca información sobre esta ciudad en internet y después responde a las siguientes preguntas.

*a*. ¿Dónde está situada Granada?

..........................................................................

*b*. ¿Cuáles son los monumentos más famosos de Granada?

..........................................................................

*c*. ¿Cuál es el monumento español más visitado?

..........................................................................

*d*. ¿Qué pico se encuentra en Sierra Nevada? ¿Cuánto mide?

..........................................................................

**3**. En la novela, tienen especial importancia algunos lugares de la ciudad de Granada. Busca información e imágenes sobre estos en internet para ir conociendo el ambiente donde se desarrollará la trama. Escribe una breve descripción de cada lugar.

*a*. La Alhambra: ..........................................................

..........................................................................

*b*. El Sacromonte: .......................................................

..........................................................................

*c*. La Alcaicería: .........................................................

..........................................................................

*d*. El paseo de los Tristes: ............................................

..........................................................................

*e.* La casa museo Manuel de Falla: ........................................
..............................................................................

**4.** Manuel de Falla (1876 – 1946) es uno de los compositores españoles con mayor reconocimiento mundial. ¿Qué sabes de él y de su obra? ¿Conoces *El amor brujo*? ¿De qué crees que trata?

**5.** En *El amor brujo*, el autor se inspira en leyendas gitano-andaluzas y traslada a los códigos de la música orquestal los sonidos y ritmos del flamenco para componer una obra de vanguardia. Busca en YouTube la sinfonía de *El amor brujo* y escúchala. ¿Qué te ha parecido?

**6.** El flamenco es un componente de la cultura española lleno de tópicos. Fuera de España muchos lo ven como un fenómeno curioso y exótico. ¿Qué sabes tú del flamenco? Contesta si estas afirmaciones son verdaderas (V) o falsas (F).

| | V | F |
|---|---|---|
| ***a.*** Los cantes flamencos se acompañaban siempre de guitarra. | | |
| ***b.*** El arte flamenco es exclusivamente gitano. | | |
| ***c.*** El cante flamenco tiene influencias orientales, mediterráneas y hasta cubanas. | | |
| ***d.*** Las distintas formas de los cantes flamencos se llaman "palos". | | |
| ***e.*** Las mujeres tienen prohibido cantar el cante jondo (serio y profundo) en público, solo los hombres pueden hacerlo. | | |

Para comprobar tus respuestas, puedes buscar información en
*http://www.andalucia.org/es/flamenco/historia-y-origenes-del-flamenco/*
Puedes trabajar con tus compañeros.

# Prólogo

**CARTA** de Manuel de Falla a la Mejorana,
París, 13 de enero de 1911

Querida Rosario, mi Mejorana:

Me alegró mucho saber de ti en tu carta y comprobar que todos estáis bien de salud en casa. Me preguntas por mí y por cómo me van aquí las cosas. París es una ciudad maravillosa y llena de vida. He conocido a mucha gente interesante: Albéniz, Debussy, Ravel y el pianista español Ricardo Viñes, artistas que quieren cambiar el arte, que buscan otra manera de mostrar el mundo. He visto lo que Matisse o Picasso pueden hacer con la pintura. También Marinetti y Mayakosvki proponen nuevas cosas con las palabras y me gustaría poder hacer lo mismo con la música. Reconozco que me atrae mucho esa idea de poder hacer una obra de arte total. Pienso mucho en ello, muchísimo. Recuerdo cuando Ana, **la Morilla**, me cuidaba y me llevaba a verte y hablabais sobre el **duende gitano** y el origen puro del arte. Creo que ahí, en el flamenco, está la clave para lograr algo nuevo. En fin, Rosario, ya te contaré más cosas.

Muchos saludos,

Manuel de Falla

---

**Ana, la Morilla**, fue la nodriza de Manuel de Falla cuando era niño.
**Duende gitano:** el arte y la magia que se asocian a una fuerza irracional e intuitiva que mueve a los artistas flamencos y que llena de emoción el ambiente cuando se manifiesta.

## CARTA de Manuel de Falla a la Mejorana, París, 13 de enero de 1914

Querida Rosario, mi Mejorana:

¿Cómo van las cosas por Sevilla? ¿Qué tal va todo? Sé que tu hija, Pastora, está en París y sé que ella quiere hablar conmigo para comentar un nuevo proyecto. Tengo ganas de verla y de reunirme con ella para poder hablar de nuestras cosas.

Me preguntas en tu última carta sobre mí y mis sensaciones. Estas noches he vuelto a soñar con cosas extrañas. Hacía mucho tiempo que no me sucedía. Es un sueño que se repite desde que era niño. Siempre es el mismo: aparece el mar, pero no es un mar de agua, es un mar de noche, lleno de estrellas y algo sale de dentro de él y me **persigue** y yo no puedo escapar. Me despierto asustado cada noche. Sé que tengo que estar más tranquilo y feliz, que todo va muy bien aquí, pero no puedo relajarme porque ese sueño me preocupa mucho. Estoy **componiendo** una obra extraña, basada en las historias que tú me contabas cuando yo era pequeño, una historia de **brujería** y de amores rotos por la muerte. Estoy buscando algo distinto. Quiero crear una nueva realidad con mi música, algo no creado aún. Sé que estoy cerca. Por mi cabeza **ronda** una melodía que **está a punto** de hacerse realidad. Además, he conocido al matrimonio Martínez Sierra, unos productores teatrales que me han pedido componer para ellos una obra distinta y experimental. Les he dicho que sí y les he hablado de tu hija, que puede acompañar con su baile nuestra composición. Añadiré a la obra que me han pedido esa melodía con la que sueño y que ya tiene nombre: *El amor brujo*. Pero ya te contaré más cosas en España, que dentro de poco tiempo estaré allí.

Tuyo siempre,

Manuel de Falla

---

**Perseguir:** seguir a alguien para alcanzarlo.
**Brujería:** cosas que hacen las brujas, seres con poderes mágicos y, a veces, malignos.
**Rondar:** dar vueltas alrededor de algo.
**Estar a punto de:** expresión que significa que algo va a suceder inmediatamente.

# I

**G RANADA**, 28 de febrero de 2015

Hace un día soleado y los miembros de la orquesta de cámara de Berlín están encantados de poder tomar una cerveza en una terraza en invierno. Como cada año, están de gira por el sur de España, y, como cada año, les gusta disfrutar del clima. Tras terminar el ensayo general de la mañana, han decidido descansar y relajarse antes del **estreno** de su espectáculo, que será por la noche. Este año, además, la ciudad se ha **engalanado** para conmemorar el centenario de una de las composiciones más populares del músico español Manuel de Falla, *El amor brujo*, y durante toda la temporada las compañías nacionales e internacionales más prestigiosas interpretarán temas del autor. El director ha quedado muy contento con el resultado del **ensayo** y ha decidido dar la tarde libre a sus músicos. Unos han decidido hacer turismo por la ciudad y otros han preferido descansar.

–¿No vienes a conocer La Alhambra con nosotros, Max? –pregunta Anna, una de las violinistas de la compañía, alta, delgada, rubia, de ojos azules y nariz pequeña, con unos dedos muy finos y largos.

–Ya la visité el año pasado, gracias. Prefiero quedarme por aquí –responde Max.

–Bueno, si cambias de opinión, llámanos –le dice Anna mientras se va con varios compañeros hacia el famoso edificio.

La verdad es que Max quiere quedarse solo. Tiene planes para antes del concierto. Cuando confirma que ya no hay nadie cerca de él, pide

---

**Estreno:** primera presentación de una obra ante el público.
**Engalanarse:** ponerse sus mejores galas, adornarse, decorarse.
**Ensayo:** preparación previa al estreno de un espectáculo.

la cuenta. Mientras termina la **tapa** de queso y jamón que el camarero le ha servido con la cerveza, recuerda cómo dos hombres contactaron con él hace dos días a la salida de los ensayos. Le propusieron participar en una **audición** privada para interpretar la versión original de *El amor brujo* que compuso Manuel de Falla y que tocó por primera y única vez en una **cueva** del Sacromonte. Quieren repetir el concierto de Falla en las mismas condiciones que en 1915. Max aceptó inmediatamente. Y ha quedado allí a media tarde. Cuando el camarero viene con la cuenta, Max no puede pagar porque no encuentra su cartera. Busca entre sus cosas –una mochila gris con muchos compartimentos y la **funda** de su oboe– y comprende que le han robado.

–Perdón, no ***encontro*** mi cartera. Mi dinero está allí –le explica Max al camarero.

–Mire que les decimos que tengan cuidado con sus cosas, pero nada, ustedes nunca nos hacen caso –le responde el camarero un poco enfadado–. ¿Y ahora qué quiere? ¿Qué puedo hacer yo?

–Yo tengo teléfono. *Puedo llamar amigo*. Un momento, por favor –pide con calma Max. Saca su teléfono móvil y, antes de usarlo, nota que alguien toca su espalda. Se gira lentamente y ve a dos muchachas delante de él. Una de ellas –con rasgos **gitanos**, piel morena, ojos oscuros y profundos, y con el pelo negro y recogido en una coleta– lo mira muy sonriente, mientras la otra –también morena, aunque con los ojos claros y el pelo corto– mira hacia el suelo, **avergonzada**.

–Venga, Carmen, devuelve la cartera y pide disculpas –dice la chica de los ojos negros.

---

**Tapa:** pequeña porción de comida que, en algunas zonas de España, se sirve como aperitivo cuando se pide una bebida.
**Audición:** espectáculo en el que se oye música o se lee algo.
**Cueva:** hueco natural en la ladera de una montaña. En Granada, estas cuevas fueron aprovechadas como viviendas.
**Funda:** cubierta que sirve para proteger un objeto.
***encontro***: *encuentro*, error de conjugación de Max. Los errores cometidos por Max al expresarse en español aparecen destacados en cursiva a lo largo de la lectura.
**Gitanos:** etnia nómada que vive por varios países y que conserva rasgos físicos y culturales propios.
**Avergonzado, a:** que siente vergüenza. Sensación producida por algo que no se ha hecho bien.

15€
8€
Jamón
Lomo 15€
Chorizo 15€
hón 8€
8€
Croquetas
Chopitos
Calamar a la
Gambas al aji

–Tenga, señor –y le da la cartera. Max la toma e inmediatamente busca en su interior hasta encontrar un papel con una dirección.

–Muchas gracias, de verdad, ¿dónde estaba? –les dice mientras saca un billete para pagar al camarero.

–Ah, bueno, pues…

–Aquí tiene el cambio –interrumpe el camarero–, y tenga mucho cuidado –y termina la conversación mirando con desconfianza a las dos muchachas.

–No se preocupe, ¿eh?, que no le hemos quitado nada, está todo su dinero –le dice la mayor–. Me llamo Candela y esta es mi amiga Carmen. No somos **ladronas**. Somos **cleptómanas**, bueno, ella.

–Ah, *Claptómana*, no sé dónde está. Yo me llamo Max y soy alemán.

–Nooooo –y las dos comienzan a reír. A Max le gusta muchísimo la sonrisa de Candela.

–¿*He decido* algo gracioso? –pregunta Max.

–Cleptómana no es ningún lugar, es una enfermedad. De repente, nos sentimos atraídas por algo y tenemos la necesidad de robarlo –le aclara Candela, que no puede dejar de mirar a Max ni un segundo–. Yo ya estoy curada, eso sí. Hemos salido de **terapia**, me he despistado un momento y Carmen…

–Todo bien, todo bien –sonríe también Max, mientras mira su reloj con impaciencia– pero *tengo que ir de aquí*. Gracias. Nos veremos.

–¡Seguro! Con esa altura y esos pelos… Granada no es tan grande.

Max recoge su mochila y su oboe y se marcha con rapidez por entre las calles estrechas e imposibles de la Alcaicería en dirección al Sacromonte. Antes de **torcer** a la derecha, gira su cabeza para mirar otra vez a Candela y le gusta comprobar que ella también lo está mirando.

---

**Ladrón, a:** persona que roba.
**Cleptómano, a:** persona que padece cleptomanía. Se trata de una enfermedad mental por la que una persona siente la necesidad de robar.
**Terapia:** tratamiento médico para solucionar problemas psicológicos.
**Torcer:** girar, cambiar el rumbo.

*Mercado de la Alcaicería.*

*El amor brujo* cuenta la historia de Candela, una gitana enamorada de José, un hombre **mujeriego** que no está enamorado de ella. Candela usa la brujería para conseguir su amor y a través de un **hechizo** lo logra. Ya juntos, él muere en una **pelea**. Ella baila cada noche con el **espíritu** de José, porque este la persigue y no la deja ser feliz. Candela está convencida de que es por culpa del hechizo por el que consiguió a José. Después de un tiempo, conoce a Carmelo, otro gitano y antiguo amigo de José. Los dos se enamoran, pero el fantasma de José no la deja tranquila. Carmelo convence a Lucía, otra guapa gitana, para **distraer** al espíritu de José y así poder dar un beso de amor a Candela y romper el hechizo. Finalmente, todo sale como estaba planeado y el bien vence sobre el mal, triunfando el amor entre los vivos, Candela y Carmelo.

–"...¡Por Satanás! ¡Por Barrabás! ¡Quiero que el hombre que me quería me venga a buscar!" Y este es tu momento, Max, ese es tu **pie**.

---

**Mujeriego:** hombre que está con muchas mujeres.
**Hechizo:** práctica usada por los brujos para obtener algo de alguien por medio la magia.
**Pelea:** enfrentamiento entre dos personas o más.
**Espíritu:** fantasma.
**Distraer:** apartar la atención de alguien sobre algo, entretener.
**Pie:** palabra con la que un actor acaba una frase antes de que otro actor comience a decir las suyas.

Es importante entrar a tiempo, es la clave de todo –habla Alberto, un hombre muy delgado y bajo, de barba **cana** muy cuidada, que le ha estado leyendo un fragmento de la obra.

–*No problema*. ¿Cuándo empezamos? –le responde Max, muy nervioso al estar dentro de una cueva del Sacromonte decorada para repetir el concierto que interpretó Manuel de Falla.

–La cantante no ha venido todavía. Tenemos que esperar. Recuerda, Max, que vamos a reproducir la versión original que Falla compuso y que luego modificó para el estreno oficial. De hecho, la parte que tú vas a tocar y que dura 1 minuto y 06 segundos nunca ha sido interpretada en público. Las cosas que van a suceder aquí hoy no deben ser todavía contadas a nadie, ¿comprendes?, a nadie. Va a ser algo único e irrepetible –dice Alberto.

Max **asiente** sin problema. Todo le parece un poco extraño, pero Granada es una ciudad que tiene aires mágicos, antiguos, legendarios…, y él quiere –necesita– un cambio en su vida. Está cansado de ser una persona ordenada, siempre practicando música, sin tiempo para otras aficiones. Desde muy pequeño se ha dedicado al perfeccionamiento de los instrumentos de viento, sus preferidos. Para él nada es comparable con el sonido que se produce a través de la boca y, aunque también le gustan y domina los demás instrumentos –percusión, cuerda y eléctricos–, solo cuando hace música a través de sus labios se siente artista de verdad. Y por ese motivo lo han contratado.

–Perdonad el retraso, ya empiezo, ya empiezo –dice una voz femenina desde la **penumbra** de la cueva.

–Hay que ser más puntual, Candela –le **recrimina** Alberto.

–Lo sé, lo sé, verás como hoy sale bien –le responde sonriendo Candela mientras se aparta de su lado y se dirige al centro de la cueva. Allí hay un conjunto de **velas** de color negro y morado que forman un círcu-

---

**Cana:** pelo blanco.
**Asentir:** hacer el gesto de afirmar con la cabeza.
**Penumbra:** sombra débil entre la luz y la oscuridad.
**Recriminar:** criticar o juzgar negativamente a alguien por su comportamiento.
**Vela:** pieza cilíndrica de cera, material hecho por las abejas, que se utiliza para dar luz.

lo en el suelo. Candela se sitúa detrás de las velas, y a su alrededor van colocándose los miembros de la orquesta.

–Seguro que hoy lo conseguimos –le dice Alberto–. Quiero presentarte a Max, un músico excepcional –Max y Candela se sorprenden al volverse a ver tan pronto.

–Nos conocemos, gracias –responde Max después de unos segundos de silencio.

–Por supuesto, así que era aquí donde venías –le dice Candela mientras le ofrece la mano.

–¿La mano? –pregunta sorprendido Max.

–Sí, normalmente damos dos besos cuando nos presentan, pero llevo mucho maquillaje encima –le responde Candela.

–Venga, dejad de hablar y vamos, que va a ser la hora –termina la conversación Alberto, que está un poco nervioso.

Todos van a su sitio. A las 17:00 en punto de la tarde la orquesta de catorce miembros –flauta, oboe, trompa, campanólogo, piano, dos violines, dos violas, dos violonchelos y un contrabajo, más el cornetín de Max– comienza a interpretar la partitura original compuesta en 1915 de *El amor brujo*. Max, muy concentrado, espera su momento, el solo de corno inglés que tendrá que realizar durante poco más de un minuto. Es una pieza que fue eliminada por Manuel de Falla. De hecho, Max, que conoce a la perfección su obra, **no tenía ni idea** de estos sesenta y seis segundos extras que el compositor eliminó. Por esa razón Max está bastante emocionado. La pieza **transcurre** de manera intensa: primero la introducción, después la "Canción del amor dolido", el "**Sortilegio**", la "Danza del fin del día"... alcanzando momentos irrepetibles cuando Candela canta. Todos los músicos están interpretando perfectamente la melodía. Unos segundos antes de tocar, Max nota algo raro en la atmósfera: el aire se vuelve cada vez más **denso** y un extraño olor, mezcla de

---

**No tener ni idea:** no saber algo, desconocer.
**Transcurrir:** suceder, pasar el tiempo o los acontecimientos.
**Sortilegio:** Lo que se hace para conseguir algo usando poderes mágicos. "Canción del amor dolido", "Sortilegio" y "Danza del fin del día" son de algunas partes de *El amor brujo*.
**Denso, a:** muy compacto y pesado.

**cera, canela y azufre**, va llenando toda la cueva. Nadie más parece notar nada, todos están muy concentrados en la música.

**Cera, canela y azufre:** sustancias naturales de olor intenso. Cera: material producido por las abejas del que están hechas la velas. Canela: especia aromática y dulce. Azufre: sustancia química de olor desagradable que, tradicionalmente, se asocia al diablo.

–"¡Por Satanás! ¡Por Barrabás! ¡Quiero que el hombre que me ha ***orvidao*** me venga a buscar! ¡Cabeza de toro..., ojos de león!, ¡mi amor está lejos..., que escuche mi voz! ¡Que venga, que venga!... ¡Por Satanás! ¡Por Barrabás! ¡Quiero que el hombre que me quería me venga a buscar!"...

Es el momento de Max y, a la señal del director, empieza a tocar. Candela sigue bailando, muy concentrada, y la música del corno inglés suena cada vez más fuerte. Max interpreta, siguiendo la partitura que lee por primera vez, y siente a su alrededor una presencia nueva, desconocida hasta ese momento. Lleva casi un minuto tocando y una extraña luz empieza a **surgir** en el escenario. Las velas moradas se mueven con fuerza cuando Candela continúa con el **conjuro**...

–"¡Que venga, que venga!

¡Pajarito blanco

que en ***er*** viento viene volando!...

¡Que venga, que venga!

¡Entro y **convengo** en el pacto!

¡***Pa*** que venga! ¡*Pa* que venga! ¡*Pa* que venga!

¡Por Satanás! ¡Por Barrabás!

¡Quiero que el hombre que era mi *vía*

me venga a buscar!".

Una gran **llamarada** sale de las velas y provoca el grito de Candela, que cae al suelo. La orquesta se detiene al ver que, del interior del círculo de fuego, surge una figura alargada y con forma de hombre, oscura y

---

***Orvidao***: Uno de los rasgos dialectales del habla andaluza es la neutralización de r/l en posición final de sílaba. Otro rasgo dialectal del habla andaluza es la pérdida del sonido de la *–d–* intervocálica al final de palabra o en posición final de palabra.
**Surgir:** aparecer de la nada.
**Conjuro:** palabras mágicas que se pronuncian para conseguir un deseo o atraer a un espíritu.
**Convenir:** estar de acuerdo, aceptar.
***Pa***: *para*, propio de la lengua oral.
**Llamarada:** llama grande, luz que se produce cuando algo se quema, que sale de forma repentina y se apaga rápidamente.

**amenazante**. Rápidamente, la figura comienza a dar vueltas y se convierte en un **torbellino** negro, que se desplaza por la cueva envolviendo a su paso a todos los componentes del grupo, dejándolos inmóviles. Max corre a ayudar a Candela, que se levanta de inmediato. Cuando la presencia se acerca a ellos, se detiene frente a Candela, intenta avanzar, pero la luz de las velas moradas la detiene.

–Son los *sirios* –dice Max–, no puede acercarse.

–Es verdad, es el color morado de las velas –confirma Candela, todavía confundida.

El torbellino toma forma humana de nuevo y **se retuerce** porque no puede avanzar. Después de unos segundos, vuelve a intentarlo sin conseguir nada. Inmediatamente se da la vuelta y sale de la cueva, dejando detrás de él, en el aire, un **quejido ancestral**.

---

**Amenazante:** que muestra intención de hacer daño a alguien.
**Torbellino:** remolino de viento.
**Retorcerse:** torcerse dando vueltas alrededor de sí mismo.
**Quejido ancestral:** sonido muy antiguo o primitivo que expresa un lamento o dolor.

# II

**CARTA** de Manuel de Falla a Federico García Lorca, París, 7 de julio de 1930

Mi querido Federico:

¿Qué tal por la Habana? ¿Te has recuperado ya de tu resfriado? Cuida tu salud, ya sabes cómo te afecta al carácter. ¿Cómo va el **poemario** que empezaste a escribir en **Nueva York**? Me gustaron mucho los poemas que me enviaste, llenos de imágenes impactantes, muy diferente, muy de tu estilo, muy **surrealista**. No sé si sabes la polémica que el movimiento surrealista ha producido aquí, en París, con la proyección de *Un perro andaluz*. Sé que tu relación con **Luis** y con **Salvador** no terminó bien, pero, créeme, la película es muy buena y los dos han conseguido un arte nuevo con imágenes. El cine es un medio todavía por desarrollar, tiene tantas posibilidades... Espero que puedas verla allí.

---

**Poemario:** conjunto o colección de poemas.
Se refiere a *Poeta en Nueva York*, libro de poemas escrito por Federico García Lorca entre 1929 y 1930 durante su estancia en Nueva York y en Cuba. Será publicado en 1940, cuatro años después de la muerte del autor.
**Surrealista:** perteneciente al surrealismo. Se trata de un movimiento artístico y literario que surgió en Francia después de la Primera Guerra Mundial y que se inspira en las teorías psicoanalíticas de Sigmund Freud (1856-1939). Intenta mostrar el funcionamiento del subconsciente, dejando de lado cualquier tipo de control racional.
El cineasta **Luis Buñuel** (1900-1983) y el pintor **Salvador Dalí** (1904-1989) fueron artistas españoles muy reconocidos y amigos de Federico García Lorca.

También quería hablarte de mí, para contarte que ahora sí sé que he sacado algo monstruoso de las **cloacas** del universo. No sé cómo explicarlo. Hace algunos años, en 1914, escribí una primera versión de *El amor brujo*. Todo sonaba muy bien en mi cabeza. Había encontrado una melodía distinta, una parte dentro de la historia completamente diferente. Parecía la perfección sonora en sesenta y seis segundos. Ni uno más, ni uno menos. Cuando sonaba dentro de mí, algo poderoso quería salir. Me obsesioné con la canción y con ese fragmento. Aproveché muchas historias gitanas que me contó la Mejorana y construí a su alrededor la historia básica de *El amor brujo*, como si se tratara del **esqueleto**, la funda de la verdadera composición. Traje a cinco músicos y a Pastora, que vino con su madre, mi Mejorana. Fuimos a una cueva del Sacromonte con buena sonoridad. Todo iba bien hasta que comenzó el solo de corno inglés, el añadido de los sesenta y seis segundos. El aire se volvió **irrespirable** y te **juro**, Federico, amigo mío, que cuando el sonido acabó, algo **salió de la nada**. Estaba todo muy oscuro, se nos acercó una sombra negra que tocó a los músicos y los dejó paralizados, como sin vida. Luego se acercó a Pastora. Pero ella, sin perder los nervios, comenzó a bailar con una fuerza que yo jamás le había visto y a cantar unas **coplas** en una lengua extraña. La **criatura** se detuvo aterrorizada. A continuación, el techo de la cueva se cayó. Hubo mucha confusión, pero conseguimos escapar. Más tarde supe, gracias a un viejo gitano, que por culpa de mi música llegaría al mundo en un futuro cercano una etapa de terror dominada por las **autocracias**. Ahora leo las noticias y veo

---

**Cloaca:** alcantarilla, lugar que hay bajo tierra por donde se va el agua sucia y el agua que cae de la lluvia.
**Esqueleto:** conjunto de piezas, por lo general unidas entre ellas, que da consistencia y sostiene a un cuerpo.
**Irrespirable:** que no se podía respirar.
**Jurar:** afirmar o negar algo poniendo a Dios por testigo.
**Salir de la nada:** aparecer algo de repente, por sorpresa.
**Copla:** canción popular.
**Criatura:** cosa o ser creado, inventado o imaginado.
**Autocracia:** forma de gobierno en la que la voluntad de una sola persona es la ley suprema.

las cosas que están sucediendo en **Italia** y en **Alemania** y sé que tengo que darme prisa y componer otra melodía. Retocaré *El amor brujo*. No sé si lo conseguiré. Si mi música trajo a esa criatura, mi música tendrá que devolverla al **infierno**. Espero conseguirlo antes de que sea demasiado tarde.

Un afectuoso saludo,

tu amigo, que te quiere,

Manuel de Falla

Posdata. Y no, no creas que estoy loco. ¿Sabes quién era uno de los músicos que fue tocado por la criatura aquella noche de 1914? **Gavrilo Princip**.

---

En **Alemania** e **Italia** en aquellos momentos están tomando fuerza el nazismo y el fascismo.
**Infierno:** lugar donde, según la tradición cristiana, las personas sufren castigo eterno después de su muerte por sus malas acciones en vida.
**Gavrilo Princip:** nacionalista extremista serbo-bosnio que asesinó al archiduque de Austria y a su mujer el 28 de junio de 1914. Este hecho está considerado el detonante de la I Guerra Mundial (1914-1918).

## CARTA de Federico García Lorca a Manuel de Falla, La Habana, 28 de febrero de 1930

Querido Manuel:

Muchas gracias por tu carta, necesito tener noticias de los amigos verdaderos. Estoy componiendo muchos poemas, la verdad, y disfrutando del clima y del ambiente de Cuba. Sí, he visto *Un perro andaluz*, y prefiero guardar mi opinión para cuando nos volvamos a ver.

Sobre tu música, debo pedirte mucho cuidado con las cosas que haces. Estoy muy preocupado por esa criatura que ha salido de tu música. Yo también creo, como te dijo el viejo gitano, que has liberado a un espíritu malo, porque en la maldad también existe belleza. Has profundizado en el **cante jondo**, que viene del primer **llanto** y del primer beso de los hombres, y ha atravesado el cementerio de los años y ha llegado hasta aquí atraído por los vientos **marchitos** de tu música de siempre. El cante jondo canta como un pájaro sin ojos, y canta de noche, cuando la pena es mayor. Los verdaderos poemas del cante jondo no son de nadie y son de todos. Nacen porque sí. Entonces, el dolor toma forma humana y **se expande** por el mundo para hacernos daño a todos. Ten cuidado, Manuel, ten mucho cuidado. El arte **invocado** puede ser causa de muchas desgracias.

Tu amigo, que te quiere,

Federico García Lorca.

---

**Cante jondo:** forma de canto flamenco, procedente de Andalucía, profundo y lento, que suena como una queja, y con mucho sentimiento y pasión.
**Llanto:** lágrimas acompañadas de lamentos.
**Marchito, a:** sin fuerza, viejo, gastado.
**Expandirse:** ocupar más espacio, hacerse más grande.
**Invocar:** llamar a algo o alguien de manera ritual.

# III

–LA respuesta tiene que estar en el pequeño **baúl** del señor Falla, allí, entre papeles, dentro de la **tumba** de mi abuela. Llevan allí no sé cuánto tiempo –dice muy despacio y muy alto la Romerita, una gitana pequeña y de **rostro arrugado**, vestida completamente de negro–. ¿Estáis seguros de lo que me habéis dicho?

–Sé lo que vimos, abuela –responde Candela–. Y no deberías gritar tanto, Max es extranjero, no **sordo**.

Max escucha con atención la conversación entre Candela y su abuela mientras continúa mirando fascinado el interior de la cueva donde está la Romerita. Le parece increíble que pueda haber gente allí dentro, viviendo. Pero no tienen tiempo para distracciones, ya que tienen que encontrar unos papeles que pertenecieron a Manuel de Falla y donde, según la anciana, estaría la respuesta que están buscando.

–No comprendo por qué todos los documentos del señor Falla *son* allí –pregunta Max.

–Verá, joven –empieza a hablar la anciana mientras se sienta lentamente en su **butacón**–, mi abuela fue la Mejorana, la mejor bailaora de todos los tiempos. Ella fue muy amiga de don Manuel, ella sabía que él era distinto y por eso le enseñó los rituales y los secretos de nuestro pueblo.

–¿Su pueblo? –interrumpe Max sin entender mucho.

---

**Baúl:** caja grande de madera que sirve para guardar cosas.

**Tumba:** Lugar en el que se entierra a una persona muerta.

**Rostro arrugado:** cara llena de arrugas, de pliegues a causa de la edad.

**Sordo, a:** persona que no oye nada o que no oye bien.

**Butacón**: asiento con brazos y respaldo, parecido a un sillón pero más bajo.

–¡Somos gitanos! –exclama orgullosa Candela–, ni españoles, ni franceses, ni rumanos... ¡Gitanos! Y la música lo es todo para nosotros.

–Eso lo sabía muy bien don Manuel, que buscaba la música perfecta, el origen de todos los cantos, algo puro. Nosotros no sabemos nada, nosotros sentimos el arte, porque el duende nos lleva, algo dentro de nosotros nos **arrastra** y nos dejamos llevar desde que el principio de los tiempos –concluye la abuela.

–¡Ya, una cosa es dejarse llevar, abuela, y otra muy distinta es lo que hemos visto ahí dentro! ¡Que algo ha salido, abuela, algo negro, algo del demonio! ¡Que los **ha paralizado** a todos! –le recuerda Candela.

–Nosotros sabemos que hay artes del pasado que es mejor no invocar. Don Manuel lo sabía, pero...

–Pero, pero... ¿qué? –pregunta intrigado Max.

–Yo no la conocí. Todo lo sé por mi madre, que me lo contó cuando yo era muy pequeña. Todo está allí –dice la anciana señalando una foto en blanco y negro donde se ve el viejo y pequeño baúl lleno de papeles–. Mi abuela no tiró nada. Aprendió a escribir para contestar a don Manuel, que cruzó el océano **huyendo** de todo lo que hizo.

–¿Pero dónde está, abuela? ¿Dónde está ese baúl? –pregunta Candela.

–Oculto, en el cementerio, bajo tierra, en su tumba, cerca de ella, donde nadie puede encontrarlo. Cuando ella murió, se lo dio a mi madre, quien continuó escribiéndose con don Manuel, que buscaba el **antídoto** de lo que había creado. Sabía que algún día sería necesario –dice y, a continuación, busca entre un gran **manojo** de llaves, separa una y se la entrega a Candela–. Toma, esta llave abre la puerta del cementerio. Espero que el baúl todavía esté allí. Don Manuel removió algo de otro tiempo y se obsesionó.

–Pero, ¿qué *hació*? –vuelve a preguntar Max.

---

**Arrastrar:** dirigir con una fuerza irresistible a alguien hacia algún lugar o dirección.
**Paralizar:** dejar inmóviles y ausentes.
**Huir:** escapar, alejarse deprisa de algo o de alguien por miedo o para evitar algún daño.
**Antídoto:** lo que sirve para remediar o contrarrestar los efectos negativos de algo.
**Manojo:** conjunto pequeño de cosas que se pueden coger con la mano.

–Compuso una música de otro mundo, **demoníaca**, que bailó mi madre para él, y que trajo el mal a nuestra tierra. Don Manuel lo supo desde el primer momento, supo que ya nada iba a ser igual. Y eso le volvió loco –concluye la anciana de manera emocionada.

–¿Así que tu madre también lo sabía? –pregunta Candela mientras la abraza.

–Sí, cómo no iba a saberlo, si fue ella la que bailó en el estreno de *El amor brujo* para don Manuel, si fue ella la mujer para la que él escribió la obra. La gran Pastora Imperio.

–¿Su madre era Pastora Imperio? –pregunta asombrado Max.

–Sí, la gran y la única Pastora Imperio –dice Candela con orgullo.

–Uf...

En ese momento la puerta se abre con violencia y el espíritu negro que salió de la nada durante la interpretación de *El amor brujo* aparece en la cueva y empieza a gritar. De su silueta semihumana destacan dos ojos completamente blancos, así como seis brazos alargados y deformes. No tiene piernas y se desplaza hacia el músico rápidamente aprovechando la oscuridad. Max, que lo observa aterrorizado, atrapa con fuerza su mochila, en la que ha guardado unas cuantas velas moradas por si volvían a encontrarse. La criatura **se abalanza** sobre él para dominarlo, pero algo hace que se detenga. Es la voz de la Romerita:

–¡Eh, tú, ***malaje***! ¡Corred, Candela, corred! –y, a sus 89 años, la Romerita comienza a cantar y a bailar una danza antigua, desde dentro, dirigiéndose hacia la criatura, que la mira fijamente.

*La noche ya es de Granada,*
*entre naranjos y olivos,*
*la voz, desde la mañana*
*de otro tiempo, trae gritos,*
*la noche trae presencias*
*arrugadas y* ***alaridos****...*
*¡Ay!*

---

**Demoníaco, a:** perteneciente o relativo al demonio o diablo. En la tradición judeocristiana, el diablo es un ángel que se rebeló contra Dios y que representa el espíritu del mal.
**Abalanzarse:** echarse encima de alguien.
**Malaje:** persona desagradable, que tiene mala intención. Adjetivo muy andaluz.
**Alarido:** grito muy fuerte y agudo.

Y mientras salen corriendo por la puerta, Candela echa la vista atrás para ver cómo la presencia sigue detenida, hechizada, frente a su abuela, que, **majestuosa** y **serena**, baila lentamente **al compás** de su cante.

**Majestuoso, a:** que actúa y se muestra con grandeza y superioridad sobre otros.
**Sereno, a:** en calma, con paz.
**Al compás:** al ritmo.

# IV

LOS ESTRENOS. LARA, *El amor brujo* ABC, Viernes, 16 de abril de 1915.

## MANUEL DE FALLA "EMBRUJA" MADRID

**El compositor gaditano estrenó anoche, con rotundo éxito, en el Teatro Lara de Madrid su última obra, *El amor brujo*, interpretada por la bailaora y cantaora Pastora Imperio junto a la orquesta de cámara dirigida brillantemente por Moreno Ballesteros y la escenografía de Néstor Martín Fernández de la Torre.**

La obra –que es una **gitanería** en un acto y dos **cuadros**, como la llaman Gregorio Martínez Sierra y María Lejárraga, el matrimonio autor del texto– nos muestra el mundo gitano, lleno de historias de brujería y de magia, de amor y de muerte, con espíritus que bailan danzas antiguas y con el fuego como protagonista. Destaca, por su vestuario y su baile, la fuerza de la magnífica Pastora Imperio. Precisamente fue esta bailaora la que inició el proyecto al contactar con Manuel de Falla y con el matrimonio Sierra-Lejárraga. Procedente de uno de los **clanes** más antiguos de gitanos

---

**Embrujar:** hechizar, seducir.

**Gitanería:** dicho o hecho propio y peculiar de los gitanos.

**Cuadro:** en un espectáculo, un grupo de intérpretes que permanecen parados ante el público.

**Clan:** grupo familiar muy unido.

andaluces, la artista, con la ayuda de su madre, Rosario Monge, más conocida como "la Mejorana", gran amiga del compositor, introdujo a Falla en el mundo de la cultura gitana contándole los secretos del folclore y las leyendas de su pueblo.

La **partitura** de Falla **realza** los elementos rítmicos y populares de la cultura gitana para crear algo distinto, totalmente nuevo, algo que sorprende por la historia y por la música.

Parece que el compositor ha hecho varios cambios con respecto a una versión anterior de la que no quiere hablar. Antes del estreno, el trío de artistas declaraba "Hemos creado una obra rara, nueva, que esperamos que al público le guste, porque hemos trabajado mucho, y con gran ilusión, y estamos muy orgullosos del resultado".

---

**Partitura:** texto escrito de una composición musical.
**Realzar**: elevar, destacar o engrandecer algo.

# DURANTE LA LECTURA

## VAMOS A DETENERNOS UN MOMENTO...

**1.** Después de leer los cuatro primeros capítulos y el prólogo, di si las siguientes frases son verdaderas (V) o falsas (F).

| | V | F |
|---|---|---|
| ***a.*** En París, Manuel de Falla quiere ser pintor. | | |
| ***b.*** Manuel de Falla tiene sueños extraños. | | |
| ***c.*** Max se va a visitar La Alhambra con Anna. | | |
| ***d.*** Candela y Lucía son ladronas. | | |
| ***e.*** Cuando Max toca su parte de *El amor brujo* no sucede nada. | | |
| ***f.*** Manuel de Falla le cuenta a Lorca cómo salió la criatura después de interpretar una parte de *El amor brujo*. | | |
| ***g.*** La Romerita es la abuela de Candela. | | |
| ***h.*** La abuela de Candela les dice que vayan al cementerio. | | |
| ***i.*** La criatura aparece en la cueva y la abuela huye. | | |

**2.** ¿Cómo crees que continuará la historia? Escríbelo brevemente.

...........................................................................

...........................................................................

...........................................................................

...........................................................................

...........................................................................

...........................................................................

...........................................................................

...........................................................................

3. En el primer capítulo, Max no encuentra su cartera y el camarero de la terraza donde está tomando un aperitivo le recomienda prestar más atención a sus cosas. Cuando uno viaja, es posible tener problemas con los ladrones. Imagina que durante tu viaje te roban y tienes que ir a la policía. Completa los datos de la siguiente denuncia.

APELLIDOS: .................................... NOMBRE: ............................

DIRECCIÓN: ..........................................................................................

TELÉFONO: ........................... EMAIL: ........................................

INFORMACIÓN DEL INCIDENTE:

FECHA: .......................................... HORA: ...............................

LUGAR: ...............................................................................................

(redacta cómo sucedieron los hechos y qué te robaron) ...........................

...............................................................................................................

...............................................................................................................

...............................................................................................................

DESCRIPCIÓN FÍSICA DEL LADRÓN: ............................................

...............................................................................................................

COLOR DE OJOS: .................. COLOR DE CABELLO: ....................

ALTURA: .......................... HOMBRE/MUJER: .............................

ROPA: ..................................................................................................

OTROS: ...............................................................................................

4. En el capítulo 4 has podido leer la noticia del estreno de *El amor brujo* en la prensa española de 1915. Elige tú una anécdota personal y redáctala como una noticia de periódico. Es importante seguir el estilo periodístico y la estructura de una noticia.

**Recuerda:**

**a** **TITULAR:** en mayúscula, se escribe lo más importante. Tiene que ser atractivo, breve e impactante.

**b** **ENTRADILLA:** al comienzo de la noticia, es un pequeño resumen que responde a las seis preguntas básicas que toda noticia debe responder: *qué, quién, cómo, cuándo, dónde* y *por qué.*

**c** **CUERPO DE LA NOTICIA:** se redacta la noticia dando más detalles. Se suele hacer de dos maneras:

- Cronológica, es decir, siguiendo el orden de los acontecimientos.
- Pirámide invertida, es decir, contando las cosas más importantes en los primeros párrafos y las menos importantes en los últimos.

Puedes acompañar tu noticia con una fotografía. Recuerda que en ese caso tendrás que escribir un "pie de foto" (pequeño texto que acompaña a la fotografía).

# V

LA noche granadina es fría. Por el día, el sol y la luz engañan a los sentidos, pero, cuando este se va, es importante estar bien abrigado, de lo contrario es muy fácil resfriarse. Eso es algo que comprende Max cuando estornuda fuertemente.

–¡Achís! Oh, ¿tienes una *pañuela*? –pregunta Max con la mano mojada.

–No es momento para eso, Max –le responde Candela sin pararse–. Hay que encontrar dónde enterró mi abuela el baúl de Falla. Tenemos que ser rápidos. Recuerda que nos persigue la criatura.

–¡Achís! –vuelve a estornudar Max haciendo mucho más ruido esta vez, algo que hace que Candela sí se detenga. Y es que el reloj de la parada del microbús C-3 marca cero grados centígrados, demasiado frío para estar en la calle vestido con una camisa.

–Ja, ja, ja –ríe abiertamente Candela cuando ve la imagen temblorosa de Max.

–¿Qué es gracioso? –pregunta sorprendido Max.

–¡Tú! Ahora sí que voy a saber por qué a este paseo lo llaman el paseo de los Tristes, ja, ja, ja... –y a continuación le da un pañuelo para que se limpie.

El viento, cada vez más frío, cubre el cielo de Granada de nubes negras. Un trueno rompe la risa de Candela y asusta a Max, quien comienza a correr calle abajo. Ella le sigue mientras mira hacia las montañas. Sobre Sierra Nevada está cayendo una enorme **granizada**. El espectá-

---

**Granizada:** agua congelada que desciende de las nubes, más dura que la nieve.

*Paseo de los Tristes.*

culo de rayos y truenos es **sobrecogedor**, pero la **prisa** por encontrar el baúl de Manuel de Falla no les permite detenerse a contemplarlo. La tormenta avanza hacia la ciudad de Granada y Candela piensa que quizá esa tormenta anuncia la llegada de algo terrorífico y **voraz** como la criatura. Este pensamiento hace que un **escalofrío** recorra todo su cuerpo y acelera su marcha para alcanzar a Max, quien está a punto de llegar a la puerta del cementerio. Se detienen ante ella y, tras abrirla con la llave que le dio su abuela, entran. Las farolas **parpadean**, impidiéndoles ver con claridad. A Candela no le importa, ella sabe perfectamente dónde está la tumba de la Mejorana.

–¿Sabes dónde vas? –**susurra** Max.

–Sí, cuando era pequeña venía mucho con mi abuela –responde con seguridad Candela.

---

**Sobrecogedor, a:** que sorprende y asusta.

**Prisa:** necesidad de hacer algo rápido.

**Voraz:** que destruye con rapidez.

**Escalofrío:** sensación de frío producida por una emoción intensa.

**Parpadear:** encenderse y apagarse la luz de forma intermitente.

**Susurrar:** hablar en voz baja.

De repente, un relámpago ilumina todo y al fondo del cementerio, entre **panteones** y **mausoleos**, aparece una tumba en la que está escrita la siguiente inscripción:

–¿Qué significa tus brazos fueron los primeros? –pregunta Max intrigado.

–Ella fue la primera que utilizó los brazos como lo hacemos ahora –le explica mientras sube los suyos y los mueve–, también fue la primera que se puso la **bata de cola** –continúa, realizando con su vestido el movimiento de un traje de baile–, y, ahora, ella es la que nos tiene que dar la respuesta. Ven.

---

**Panteón y mausoleo:** construcciones funerarias para enterrar a personas ricas y majestuosas. Monumento funerario destinado a enterrar a varias personas.
**Yacer:** estar una persona enterrada en una tumba.
**Legado:** aquello que deja una persona al morir a sus sucesores, sea material o inmaterial.
**Bata de cola:** vestido femenino con volantes y cola que se usa en el baile flamenco.

Se dirigen a la pequeña escultura que está encima de la tumba. Es la figura de la Mejorana con su bata de cola bailando sobre un pequeño **tablao flamenco**. Candela gira los brazos de la estatua y el tablao se abre, mostrando un pequeño baúl de madera donde se leen las iniciales M.F. De pronto, un enorme ruido los **sobresalta**, pero esta vez no ha sido un trueno, no, es un ruido familiar que hace que los dos giren la cabeza rápidamente y vean, con horror, cómo la criatura se les está acercando. Sin pensarlo, cogen el baúl y salen corriendo. No saben si lograrán salir de allí con vida. La criatura se desplaza sobre las sombras de la noche, envolviéndolo todo. Mientras corren hacia la puerta del cementerio, escuchan cada vez más cerca su **gemido de ultratumba** sin atreverse a mirar hacia atrás. De repente, Max se detiene al pasar por un mausoleo lleno de velas encendidas y coge una.

–¿Qué haces, Max? ¿Qué buscas, estás loco? –le grita desesperadamente Candela.

–La solución –responde sonriendo mientras saca rápidamente de su mochila las velas moradas, las enciende y le da una a Candela.

Lentamente avanzan hasta la puerta del cementerio mientras no dejan de mirar hacia atrás. La criatura, que ya se encuentra cerca de ellos, intenta alcanzarlos, pero no puede, una fuerza superior la detiene. Vuelve a gritar de manera desesperada.

–No se atreve –dice asombrada Candela.

–Sí, parece su **punto débil** –le confirma Max.

–Espera, ¿qué está haciendo? –pregunta Candela cuando observa cómo la criatura mueve sus seis brazos velozmente provocando que las nubes negras que cubrían las montañas comiencen a desplazarse hacia donde se encuentran ellos.

–Oh, *esto gusta nada a mí* –responde Max–, si el fuego se apaga, *somos* perdidos.

---

**Tablao flamenco:** escenario dedicado al cante y al baile flamenco.
**Sobresaltar:** asustar repentinamente.
**Gemido de ultratumba:** sonido que expresa dolor o pena emitido desde más allá de la muerte.
**Punto débil:** el elemento que permite atacar o frenar a la criatura. Su parte más vulnerable.

Candela y Max comienzan a salir del cementerio mientras la tormenta empieza a caer con fuerza sobre ellos. Intentan proteger la luz de las velas debajo de su ropa, pero la lluvia es tan intensa que acaba apagándolas.

–¡Estamos perdidos! –dice Candela mientras coge con fuerza la mano a Max.

–Sí, ***that's a pitty*** –responde **asustado** Max.

Un coche aparece a toda velocidad y frena bruscamente delante de ellos.

–¡Rápido, subid, rápido! –les dice Alberto, el director de orquesta.

Inmediatamente se montan en el coche, que **acelera** por todo el paseo de los Tristes dejando atrás, una vez más, a la criatura, mientras sus gritos se mezclan con los truenos y los relámpagos de la tormenta.

---

*That's a pitty*: expresión inglesa que significa "qué lástima".
**Asustado, a:** que muestra susto: impresión repentina causada por el miedo.
**Acelerar:** moverse un vehículo a mayor velocidad.

# VI

**CARTA** de Manuel de Falla a Pastora Imperio, Córdoba (Argentina), 1 de noviembre de 1945

Querida Pastora:

¿Qué tal todo por España, mi España? Las noticias que hasta aquí llegan son muy confusas y nunca sabemos de verdad las cosas que realmente están sucediendo.

Hoy, en esta carta, te escribo para decirte que soy muy feliz. Hace unos meses terminé la composición de una melodía que **anuló** el efecto de lo que provocamos en 1914. La criatura que liberamos ha vuelto al lugar del que vino. Por fin puedo respirar tranquilo. El final de la Segunda Guerra Mundial es un hecho y con ella la recuperación, poco a poco, de la normalidad del planeta. Tu madre, mi Rosario, mi Rosarillo, no ha podido verlo, pero sé que se alegrará desde el cielo. La clave estaba en ***La Atlántida***, la obra que muchos piensan que está inacabada. Inacabada, qué gracia. Nunca he querido acabarla, nunca. Su función es otra. No ha sido más que la excusa, una vez más, el esqueleto previo de la

---

**Anular:** parar, detener los efectos de algo.
***La Atlántida*:** obra inacabada de Manuel de Falla en la que trabajó durante 18 años. Se trata de una gran obra de dioses y héroes ambientada en dos lugares y épocas: la mítica isla de la Atlántida, en una época legendaria, y la España de Cristóbal Colón en 1492.

verdadera melodía: esos sesenta y seis segundos que han vuelto a cerrar el portal del que salió la criatura y que te envío en estos **pentagramas** junto a la primera versión de *El amor brujo*. Por favor, Pastora, deshazte de ellos. Es muy importante que no se vuelvan a interpretar. Yo no voy a volver a España. Esa no es mi España. Quedan todavía restos del mal que mi búsqueda de la melodía perfecta extendió por el mundo.

Supongo que moriré aquí, pero ahora sé que puedo morir en paz.

Cuídate mucho, Pastora.

Tu Manuel, que te quiere...
Manuel de Falla

---

**Pentagrama:** conjunto de cinco líneas horizontales donde se fija la escritura musical.

# VII

EL público es avisado de que no se pueden hacer fotos ni grabaciones y se les recuerda que tienen que apagar sus teléfonos móviles. A continuación, suenan tres **pitidos**, señal de que el concierto va a comenzar. La sala oscurece y el **telón** se abre. El auditorio Manuel de Falla, situado cerca de los jardines de La Alhambra, está lleno y las 1240 personas comienzan a **aplaudir** a medida que la orquesta aparece. Es la actuación **estelar** del mes de febrero en Granada, dentro del año Manuel de Falla, y la gente lo sabe. Los aplausos, poco a poco, van terminando y, cuando el director indica con la **batuta** que ya están preparados, no se escucha ningún ruido. El silencio se rompe con las conocidas primeras notas de *El amor brujo* a ritmo de la orquesta y los espectadores escuchan encantados la música.

El concierto parece transcurrir con normalidad, aunque, lentamente, el aire se cubre de un fuerte olor a azufre. Todo el mundo está concentrado en lo que sucede sobre el escenario. Ahora hay máxima expectación porque es uno de los momentos más importantes de la obra: **"La danza del fuego fatuo"**. Mientras tanto, fuera del escenario, la criatura aparece entre la oscuridad y, avanzando por el auditorio desde las últimas filas, envuelve a los espectadores, quienes inmediatamente caen en un **estado de trance** dejando los ojos en blanco. La orquesta,

---

**Pitido:** sonido agudo.

**Telón:** cortinas de gran tamaño que cierran la parte del teatro en la que actúan los actores.

**Aplaudir:** chocar la palma de una mano contra la otra para mostrar agrado.

**Estelar:** extraordinario, de gran categoría.

**Batuta:** vara corta y fina con la que los directores de orquesta guían a sus músicos.

**La danza del fuego fatuo** la baila Candela para conseguir que José se enamore de ella.

**Estado de trance:** estado en el que una persona puede comunicarse con los espíritus.

**ajena** a todo lo que está sucediendo, continúa la función. Pero las luces del escenario ya no cambian, como si el tiempo se hubiera detenido. El silencio del público es extraño, advierte el director, nadie tose, ni **murmura**, ni se escucha ningún movimiento, algo lógico en cualquier auditorio del mundo. De repente, nota que los componentes de su orquesta empiezan a mirar con terror hacia las **butacas** y, de manera instintiva, gira la cabeza y ve cómo la criatura se abalanza sobre él, envolviéndolo y dejándolo en el mismo estado que el público. Todos los músicos se levantan rápidamente e intentan huir. En medio del caos, la criatura se desplaza velozmente hacia ellos.

–¡Eh, tú, bestia **inmunda**! –grita Candela desde el fondo del pasillo de butacas–, ¡deja de molestar! –la criatura se detiene y la mira–. Sí, tú, soy yo, Candela, la heredera de Pastora Imperio, la primera que te llamó hace cien años, la que buscas. ¡Ven a mí! –y comienza a bailar y a cantar para atraer a la criatura. Esta, cuando ve quién la está llamando, abandona el escenario y avanza hacia Candela.

En ese momento, Max y Alberto, que estaban escondidos detrás del telón, salen e intentan detener a todos los músicos que quedan en pie; pero es difícil, están muy asustados y todos quieren escapar de allí.

–¡Por favor, compañeros, soy yo, soy Max! *Detener, no podemos ir nosotros*. ¡Anna, Anna, por favor! –grita Max con desesperación. Anna es la única que se detiene cuando ve que se dirige a ella. Con un gesto, indica al resto de músicos que esperen.

–Max, ¿dónde estabas? Hemos tenido que tocar sin ti. ¿Qué está pasando aquí?, ¿qué es eso? –reacciona Anna señalando hacia la criatura.

–*Es algo mal, muy mal,* que invocó Falla hace un siglo. Tened calma, Anna, yo sé cómo detenerlo. Necesito cinco músicos.

–¿Qué? –pregunta Anna sorprendida–, ¿para qué quieres músicos? ¿No ves que estamos todos muy asustados? No quedamos muchos.

---

**Ajeno, a:** que no ve o no se da cuenta de algo.

**Murmurar:** hablar en voz baja para evitar ser escuchado por alguien.

**Butaca:** asiento de un cine o teatro.

**Inmundo, a:** sucio y asqueroso.

–Mira –y Max le entrega a Anna una partitura. Ella la coge y observa con atención los pentagramas. En la primera hoja puede leer *La Atlántida, fragmento definitivo,* de Manuel de Falla–. Sí, es lo que te imaginas. Seis personas tenemos que tocar esto durante sesenta y seis segundos sin parar. Ninguno de los seis, ninguno, debe detenerse. Si conseguimos tocar la melodía, la criatura se marchará.

–Pero solo somos cinco, y tú dices que necesitamos ser seis –contesta Anna.

–La última es ella –dice Max señalando a Candela–, que recitará la profecía de **Séneca**.

–¿Séneca? ¿Estás seguro de eso? –vuelve a preguntar Anna al ver que la criatura está cada vez más cerca de Candela.

–Rápido, hay que darse prisa –interrumpe Alberto, que ya ha dibujado en el suelo con líneas moradas un pentágono–. Ve a por ella.

Mientras Alberto va situando a los músicos en el escenario tal y como dejó escrito Manuel de Falla –dos instrumentos de cuerda en los extremos: Anna al violín y Pedro con la guitarra; uno de percusión en la punta: Erick, al piano; y dos de viento rodeando al piano: Hanks, con la flauta, y Max, con el corno inglés–, Max se dirige hacia Candela, que está bailando ante la criatura protegida por unas velas moradas que, lentamente, se van apagando. Intenta acercarse más a ella pero no puede, la criatura se lo impide.

–¡Tenemos que empezar a tocar ya! –grita Max desde la distancia–. *Necesitamos a ti.*

–No creo que pueda aguantar más bailando –dice Candela mirando hacia las velas–. Empezad, empezad a tocar, intentaré cantar desde aquí.

Max baja hasta el escenario y se coloca en su sitio. Todos están muy cerca para poder ver la única partitura existente. Aunque han actuado en los teatros más prestigiosos del mundo, los cinco músicos están muy nerviosos, ya que nunca su interpretación ha sido tan importante y saben que tienen que aguantar sesenta y seis segundos sin interrupción.

---

**Séneca** fue un filósofo, político, orador y escritor romano conocido por sus obras de carácter moralista.

Alberto **agita** la batuta desde el **atril**, pide concentración y enseguida comienza la melodía. En cuanto el sonido rompe el aire, el espectro se sobrecoge y, por primera vez, un destello de terror se puede apreciar en su sombra. La criatura ha reconocido la música que escuchó en 1945 y que la devolvió al infierno. Rápidamente abandona a Candela y se dirige hacia el escenario, pero se detiene, ya que no puede entrar en el círculo dibujado. Emite un alarido **sobrenatural** que hace que los músicos tiemblen, pero ninguno deja de tocar. Llevan ya treinta y tres segundos y saben que el final de la criatura está muy cerca. Entonces, el monstruo recuerda que en aquella interpretación de 1945, además de la música, también hubo una pequeña canción, y comprende la importancia de Candela en la trama. Se gira e intenta regresar al pasillo central, pero la voz, con el texto profético de Séneca, empieza a sonar:

*"Venient annis saecula seri, quibus Oceanus*
*vincula rerum et ingens pateat tellus, Thyphisque*
*novos detegat orbes nec sit terris ultima Thule*[1]*".*

Y a los sesenta y seis segundos exactos, cuando termina la melodía, un **agujero** se abre de repente en el aire y **se traga** para siempre a la criatura, que deja en la atmósfera, por última vez, su gemido de ultratumba.

---

**Agitar:** mover con fuerza de un lado a otro algo.

**Atril:** mueble vertical que sirve para sostener partituras musicales.

**Sobrenatural:** que parece de otro mundo.

[1]Traducción adaptada: "En el futuro, vendrá algo de un nuevo mundo que descubrirá la diosa Tetis. Y la isla de Thule no será la última". La traducción real es: "Vendrán siglos en los años remotos / en los cuales el océano ensanche las ataduras de las cosas / y una tierra enorme se manifieste / y la diosa Tetis descubra nuevos mundos. Y no será (la isla de) Thule la última de la Tierra".

**Agujero:** hueco, abertura en una superficie o cosa.

**Tragar:** comer, absorber.

# EPÍLOGO

HACE una mañana soleada, pero con mucho viento. El cielo azul de Granada está cubierto de pequeñas nubes que se mueven rápidamente hasta que desaparecen entre las montañas nevadas. A lo lejos la Alhambra y el pico del Mulhacén, completamente blanco, permanecen ajenos a la batalla entre el bien y el mal que se produjo la noche anterior. Max y Candela pasean cogidos de la mano hasta llegar a la puerta de la casa museo de Manuel de Falla. Llevan el baúl con todos los documentos que tenía allí guardados la Romerita. Max camina un poco más despacio.

–Cuando nos conocimos, me dijiste que eras *cliptumana*, ¿no? –pronuncia Max con dificultad.

–Nooo, cleptómana –sonríe Candela.

*Vistas de la Alhambra con Sierra Nevada al fondo.*

–Dijiste que *eras* curada, que ya no lo eras.

–Y no lo soy, de verdad, te lo juro, que ya me he curado, que te lo diga el doctor –afirma Candela de manera rotunda.

–Entonces, ¿cómo me has robado el corazón? –le dice Max mientras la besa con pasión.

–¡Qué tonto eres! Pero me encanta –y le devuelve el beso.

Continúan caminando y, antes de entrar, Candela se sienta un momento en un banco de la entrada, abre el baúl y permanece unos segundos mirando su interior.

–¿Qué te pasa? ¿Por qué dudas? Los papeles estarán mejor aquí que en ningún sitio. Es su casa –le dice Max mirándola a los ojos. Candela asiente y coge, temblando, las dos partituras donde se encuentran los dos añadidos de *El amor brujo* y de *La Atlántida* que tantos problemas han causado.

–Es increíble lo que puede provocar la música –reflexiona Candela en voz alta mientras aprieta con fuerza la mano de Max–. Afortunadamente todo ha acabado bien y la gente se ha recuperado –continúa hablando. Saca de su bolso un **encendedor** y mira a Max.

–¿Estás segura?

–Es lo mejor para todos. Ya sabemos lo que hizo en el siglo XX –y, encendiendo el mechero, **prende** fuego a los dos papeles, que lentamente desaparecen en una papelera. Mientras **arden**, ven cómo se mueven, y Max y Candela, por primera y última vez, se convierten en los únicos espectadores de la **genuina** y ancestral danza del fuego.

FIN

---

**Encendedor:** mechero, objeto que sirve para encender una pequeña llama y hacer fuego.

**Prender:** encender con fuego o quemar.

**Arder:** quemarse algo por la acción del fuego.

**Genuino, a:** auténtico, original.

# DESPUÉS DE LA LECTURA

## PRIMERA PARTE

### COMPRENSIÓN LECTORA

**1.** Después de leer con atención la novela, elige la respuesta correcta.

**IV. 1.** ¿Dónde se estrenó por primera vez *El amor brujo*?

☐ *a.* En el Lara.
☐ *b.* En el ABC.
☐ *c.* En el Moreno Ballesteros.

**2.** ¿Quién firma el texto de la obra?

☐ *a.* Gregorio Martínez Sierra.
☐ *b.* María Lejárraga.
☐ *c.* Ambos.

**V. 1.** ¿Dónde van a buscar Candela y Max los papeles de Falla?

☐ *a.* A La Alhambra.
☐ *b.* Al paseo de los Tristes.
☐ *c.* Al cementerio.

**2.** El punto débil de la criatura es…

☐ *a.* las velas moradas.
☐ *b.* el frío.
☐ *c.* el fuego.

**3.** ¿Cómo escapan Candela y Max del cementerio?

☐ *a.* Caminando lentamente.
☐ *b.* Corriendo.
☐ *c.* En coche.

**VI 1.** ¿Cuándo detuvo a la criatura Manuel de Falla?

☐ *a.* En 1914.
☐ *b.* En 1945.
☐ *c.* Nunca.

**2.** ¿Cómo se llama la obra con la que Falla detuvo a la criatura?

☐ *a.* *Inacabada*.
☐ *b.* *Pastora*.
☐ *c.* *La Atlántida*.

**VII** **1.** Cuando suena la "Canción del fuego fatuo"...

☐ *a.* la gente calla.
☐ *b.* la criatura aparece.
☐ *c.* Candela grita.

**2.** ¿Cuántas personas se necesitan para vencer a la criatura?

☐ *a.* Sesenta y seis.
☐ *b.* Seis.
☐ *c.* 1240.

**3.** ¿Quién recita en latín para destruir a la criatura?

☐ *a.* Séneca.
☐ *b.* Candela.
☐ *c.* Max.

**Epílogo** **1.** ¿Dónde llevan Max y Candela los papeles de Falla?

☐ *a.* A la casa museo del artista.
☐ *b.* Al pico Mulhacén.
☐ *c.* A Sierra Nevada.

**2.** ¿Qué hacen Max y Candela con las partituras malditas?

☐ *a.* Se las quedan.
☐ *b.* Las entregan.
☐ *c.* Las queman.

## GRAMÁTICA Y VOCABULARIO

1. Max tiene un buen nivel de español, aunque a veces comete algunos errores. Estos aparecen en cursiva a lo largo de la lectura. Seguro que puedes ayudar a Max a mejorar su español corrigiendo sus errores:

*a.* Perdón, no *encontro* mi cartera. (p.10): ..............................

*b.* Puedo *llamar* amigo (p.10): ..............................................

*c.* ¿*He decido* algo gracioso? (p.12): .......................................

*d.* *...tengo que ir de aquí* (p.12): ..........................................

*e.* *No problema* (p.14): ..........................................

*f.* Son los *sirios* (p.18): ..........................................

*g.* Los documentos del señor Falla *son* allí. (p.13): ..................

*h.* Pero, ¿qué *hació*? (p.25): ..........................................

*i.* ¿Tienes *una pañuela*? (p.32): ..........................................

*j.* *...esto gusta nada a mí.* (p.35): ..........................................

*k.* ...*somos* perdidos. (p.35): ..........................................

*l.* ¡*Detener. No podemos ir nosotros*! (p.40): ..........................

*m.* *Es algo mal, muy mal.* (p.40): ..........................................

*n.* *Necesitamos a ti.* (p.41): ..........................................

*ñ.* Dijiste que *eras* curada. (p.45): ..........................................

**2.** El flamenco y sus aficionados usan un lenguaje particular. Aquí tienes algunas palabras propias de este arte que además están marcadas por el acento andaluz. Relaciona cada una con su definición correspondiente. Si lo necesitas, puedes buscar información en la página oficial de la Junta de Andalucía: *http://www.andalucia.org/es/flamenco*

| | | | |
|---|---|---|---|
| **a.** duende | **d.** palmas | **g.** toque | **j.** cante |
| **b.** jondo | **e.** zapateado | **h.** bailaor/a | **k.** palo |
| **c.** cantaor/a | **f.** flamenco | **i.** compás | |

| | |
|---|---|
| ☐ | **1.** Persona que baila flamenco. |
| ☐ | **2.** Persona que interpreta el cante flamenco, en cualquiera de sus estilos. |

☐ **3.** Forma musical que nace de la unión de modos musicales y folklóricos existentes en Andalucía. Existen diferentes estilos: gitano, grande, jondo, de ida y vuelta…

☐ **4.** Ritmo. Esquemas rítmicos que fijan los pulsos o acentos de la música, el baile y el cante. Es una de las bases del flamenco.

☐ **5.** Encanto o poder misterioso que se siente y que no se puede explicar. En el universo flamenco, el duende va más allá de la técnica y de la inspiración.

☐ **6.** Arte originado en Andalucía, con dos siglos de existencia aproximadamente, que incluye el conjunto de cantes y bailes formado por una fusión de elementos musicales orientales andaluces, formas expresivas gitanas y el folklore español.

☐ **7.** Es más genuino cante andaluz, caracterizado por su fuerza expresiva y su profundo sentimiento. Esta palabra es una forma dialectal, la letra jota, en realidad, es una hache aspirada.

☐ **8.** Acompañamiento para el cante y el baile que se realiza golpeando con los dedos de una mano en la palma de la otra o haciendo sonar las dos palmas.

☐ **9.** Cada una de las variedades tradicionales del cante flamenco. Los diferentes tipos pueden clasificarse siguiendo varios criterios; en el cante, solo se diferencian por la temática.

☐ **10.** Acción y efecto de tocar la guitarra flamenca.

☐ **11.** Baile o combinación rítmica que consiste en golpear el suelo con los pies. Actualmente se intercala con otros elementos de acompañamiento en la mayoría de los estilos.

Adaptado de *http://www.flamencoexport.com/flamenco-wiki/diccionario-flamenco.html*

**3.** Lee y deduce. Completa el siguiente texto con las palabras propuestas.

cantaor • bailaor • cante • guitarra • compás
bailaora • cantaora • palmas

El (a)................... se caracteriza por los tonos o inflexiones de la voz que llamamos "quejíos", que es la expresión más primitiva del ser humano, transmite el dolor de la existencia y a la vez purifica, esta es la esencia de la experiencia flamenca. El quejío está presente tanto en el cante jondo (trascendente y pausado) como en el cante festero (de fiesta), los dos tienen una riqueza rítmica enorme. El (b)................... o la (c)................... pueden cantar sin acompañamiento o con él. Los cantes pueden ser a compás (con un ritmo perfecto) o naturales (de ritmo libre).

El ritmo y el compás lo marcan las (d)................... y los pitos (chasquido de los dedos), que sirven de base para el baile y el zapateado. El (e)................... o la (f)................... se expresan a través de movimientos codificados y a la vez personales o improvisados.El pulso o latido flamenco, que es el (g)..................., debe ser escuchado y sentido.

La (h)................... es el instrumento que acompaña al baile y al cante flamenco y tiene un sonido con ecos orientales que resulta inconfundible.

Para comprender mejor en qué consisten las palmas y el compás flamenco, puedes acceder al vídeo de Torombo, Sobre las palmas, a través del enlace *https://www.youtube.com/watch?v=t8_PmiL3A2U*

## EXPRESIÓN ESCRITA

1. Mira en la sección de reportajes de la página oficial de la Junta de Andalucía el reportaje *El Flamenco*. Un arte difícil de explicar (*http://www.andalucia.org/es/reportajes/el-flamenco-un-arte-dificil-de-explicar/*). Observa las fotos, son ilustrativas. Describe lo que ves en cada una de ellas, intenta usar algunas de las palabras nuevas que has aprendido.

2. En la obra, la criatura que sale de la música tiene un aspecto monstruoso. Por parejas, vais a desarrollar vuestras habilidades como creadores de monstruos. Para ello, imaginad y dibujad un monstruo cada uno y describidlo también por escrito. Después, intercambiaos solo las descripciones e intentad dibujar el monstruo del compañero según lo que leéis. Una vez finalizados los dibujos, comparadlos con el original. ¿Se parecen?

## EXPRESIÓN Y COMPRENSIÓN ORAL

1. La música juega un papel muy importante en la historia que has leído. ¿Qué significa para ti la música? ¿Cuál es la primera canción que recuerdas? ¿Qué tipo de canciones te gustan? Elige una canción escrita en español, comenta la letra con tus compañeros y di por qué te gusta.

2. Manuel de Falla conoció personalmente los movimientos más importantes de las vanguardias artísticas. ¿Cuál creéis que es el arte que más impacta al ser humano? ¿La música?, ¿la pintura? ¿la escultura? ¿la literatura? ¿el cine?... Debatidlo.

3. El flamenco es un fenómeno de la música popular española que despierta mucho interés, aunque es difícil de explicar y entender. Para definirlo se suele hablar de pasión, sentimiento, duende...

**3.1.** En la película *Flamenco* de Carlos Saura se da la siguiente definición sobre el flamenco. Con tu compañero, intenta completarla con las palabras que faltan. Después, escuchad los primeros minutos (2´30-3´30) de la película (en *https://www.youtube.com/watch?v=plRZarZj6JE*) y confirmad vuestras hipótesis.

El flamenco aparece en (a)..................., en el sur de España, a mediados del siglo (b)................... como una consecuencia del cruce de (c)..................., (d)................... y (e)................... que dan lugar a un nuevo tipo de música. Crótalos griegos, jarchas mozárabes, cantos gregorianos, romances de Castilla y lamentos judíos; el son de la negritud y el acento del (f)................... ................... que viene de la lejana (g)................... para quedarse aquí, se entremezclan para formar la estructura musical de lo que hoy llamamos (h)................... y que se expresa mediante el (i)..................., el (j)..................., y la (k)...................

**3.2.** Continúa viendo la película hasta el minuto 5´15. La mujer que canta es una buena muestra del "quejío". ¿Te recuerda a alguna música que has escuchado antes? ¿Qué sentimientos te produce? Comenta la apariencia de la gente de esa escena y compárala con la de las fotografías que viste en la actividad 1 del apartado de expresión escrita... ¿Cuál es la diferencia? ¿Qué crees que significa?

**4.** Una de las piezas más conocidas de *El amor brujo* es la "Canción del fuego fatuo". Escúchala con atención. Puedes hacerlo en los siguientes enlaces:
*https://www.youtube.com/watch?v=DUpQue-hOEQ*
*https://www.youtube.com/watch?v=IQX7nq0bHZ*

Mientras escuchas...

- Intenta comprender las palabras que se dicen (es el acento andaluz que ya conoces por la novela). No te desesperes si no entiendes todo al principio, es normal.

- Pon atención: escucha y siente el ritmo... Sí, es un ¾, conocido como "vals". Intenta marcarlo suavemente. Da palmas sordas, como en los vídeos, siente el pulso de la melodía.

**4.1.** El tipo de ritmo que has escuchado existe en todo el folklore español y es la "columna vertebral" del flamenco: la soleá. En la "Canción del fuego fatuo" se escucha por debajo un ritmo por bulerías, es decir, un esquema rítmico de 12 pulsos o tiempos. Puedes volver a verlo en la demostración de palmas de El Torombo en YouTube, la hace sobre bulerías. *https://www.youtube.com/watch?v=t8_PmiL3A2U*

**4.2.** En el lenguaje flamenco se llama "letra" al conjunto de estrofas que forman una pieza musical. Los versos que la forman se llaman "tercios". Esta es la letra de la canción, como has escuchado, las versiones no son exactamente iguales, es por el duende...

*Lo mismo que el fuego fatuo,*
*lo mismito es el querer (x2).*
*Le huyes y te persigue,*
*le llamas y echa a correr.*
*Lo mismo que el fuego fatuo,*
*lo mismito es el querer.*

*Nace en las noches de agosto,*
*cuando aprieta **la calor** (x2).*
*Va corriendo por los campos*
*en busca de un corazón.*
*Lo mismo que el fuego fatuo,*
*lo mismito es el amor.*

***Mal hayan** los ojos negros*
*que le alcanzaron a ver (x2).*
*Mal haya el corazón triste*
*que en su llama quiso arder.*
*Lo mismo que el fuego fatuo*
*se desvanece el querer.*
...

(María Lejárraga de Martínez – Manuel de Falla, 1915)

---

**La calor:** En Andalucía a veces se dice "la calor" en "lugar de "el calor". Debemos tener en cuenta que son canciones de ambiente popular.
**Mal hayan:** Es una maldición. Desea un mal a los que se enamoran, "los ojos negros sufrirán un mal (del amor)".

**4.3**. Escribe y canta: despierta el duende que hay en ti e inventa los tercios que faltan respetando el espíritu, el ritmo y la rima.

*Nace en las noches de agosto*
........................................................ *(x2)*
..........................................................
..........................................................
*Lo mismo que el fuego fatuo,*
*lo mismito es* ....................................... .

# SOLUCIONARIO

## ANTES DE LA LECTURA

**2.** **a.** Granada, capital de la provincia con el mismo nombre, se encuentra en la comunidad autónoma de Andalucía, en el sur de España.

**b.** Entre sus monumentos más famosos, se encuentran la Alhambra y el Generalife, la catedral, los barrios del Albaicín y el Sacromonte, el monasterio de la Cartuja, las casas museo de Federico García Lorca y de Manuel de Falla, etc.

**c.** La Alhambra.

**d.** El pico Mulhacén. Mide 3.478,6 metros sobre el nivel del mar.

**3.** **a.** La Alhambra es el principal monumento de Granada, consistente en un conjunto de palacios, jardines y fortaleza, que sirvieron de vivienda al monarca y a la corte del reino nazarí entre los siglos XIII y XIV.

**b.** El Sacromonte es un barrio que se encuentra en las afueras de la ciudad de Granada y donde vive gran parte de la comunidad gitana.

**c.** La Alcaicería es una zona comercial muy popular de Granada.

**d.** El paseo del Padre Manjón es popularmente conocido en Granada como "el paseo de los Tristes" porque era el lugar por el que pasaba el grupo de personas, familiares y amigos que llevaba los muertos al cementerio.

**e.** La casa museo Manuel de Falla es un carmen, casa típica de Granada con huerta o jardín, que recrea el ambiente que rodeó al compositor y donde se conservan sus muebles, recuerdos y objetos personales.

**6.** **a.** F; **b.** F; **c.** V; **d.** V; **e.** F.

## DURANTE LA LECTURA

**1.** **a.** F; **b.** V; **c.** F; **d.** F; **e.** F; **f.** V; **g.** V; **h.** V; **i.** F.

## DESPUÉS DE LA LECTURA

### Comprensión lectora

**IV.1.** a; **2.** c; **V.1.** c; **2.** a; **3.** c; **VI. 1.** b; **2.** c; **VII. 1.** b; **2.** b; **3.** b; **Epílogo. 1.** a; **2.** c.

### Gramática y vocabulario

**1.** **a.** encuentro; **b.** llamar a un amigo; **c.** He dicho; **d.** ...me tengo que ir/... tengo que irme de aquí; **e.** Ningún problema/No hay problema; **f.** cirios; **g.** están; **h.** hizo; **i.** un pañuelo; **j.** esto no me gusta nada; **k.** estamos; **l.** Deteneos. No podemos irnos; **m.** Es algo malo, muy malo; **n.** Te necesitamos; **ñ.** estabas.

**2.** **a.** 4; **b.** 6; **c.** 1; **d.** 8; **e.** 5; **f.** 11; **g.** 2; **h.** 7; **i.** 3; **j.** 10; **k.** 9.

**3.** El cante / El cantaor / la cantaora / las palmas / El bailaor / la bailaora / el compás / La guitarra.

### Expresión y comprensión oral

**3.1.** Andalucía, XIX, pueblos, religiones, culturas, pueblo gitano, India, flamenco, cante, baile, guitarra.

**3.2.** En las imágenes de las fotografías aparecen artistas flamencos en actuaciones para un espectáculo, vestidos con las ropas, los peinados y el maquillaje al estilo tradicional flamenco. Carlos Saura nos ofrece la visión actual: gitanos que visten como cualquier persona hoy en día, algunos más arreglados que otros, pero todavía fieles a la forma del flamenco más puro y familiar de las fiestas. Lo que bailan cediéndose el turno son bulerías, el baile de las fiestas.

# TÍTULOS DE LA COLECCIÓN

**Los libros perdidos**
Mónica Parra Asensio.
ISBN: 978-84-9848-433-5
ISBN: 978-84-9848-434-2 (con CD)

**El monstruo del Lago Ness**
Albert V. Torras.
ISBN: 978-84-9848-435-9
ISBN: 978-84-9848-436-6 (con CD)

**Gaudí inacabado**
Jordi Pijuan Agudo y Paloma Rodríguez León.
ISBN: 978-84-9848-229-4
ISBN: 978-84-9848-230-0 (con CD)

**Los fantasmas del palacio de Linares**
Manuel Rebollar Barro.
ISBN: 978-84-9848-231-7
ISBN: 978-84-9848-232-4 (con CD)

**El secreto de los moáis**
Miguel Ángel Rincón Gafo.
ISBN: 978-84-9848-233-1
ISBN: 978-84-9848-234-8 (con CD)

**El comienzo del fin del mundo**
Sergio Reyes Angona.
ISBN: 978-84-9848-116-7
ISBN: 978-84-9848-117-4 (con CD)

**Muérdeme**
Miguel Ángel Rincón Gafo.
ISBN: 978-84-9848-374-1
ISBN: 978-84-9848-375-8 (con CD)

**Las tinieblas de Salamanca**
Raúl Galache García.
ISBN: 978-84-9848-376-5
ISBN: 978-84-9848-377-2 (con CD)

**El amor brujo: la perdición de Falla**
Alicia González del Campo.
ISBN: 978-84-9848-814-2
ISBN: 978-84-9848-815-9 (con CD)